ULRIKE SKADOW

KOCHEN MIT 5 ZUTATEN

FOTOGRAFIE: NICOLAS LESER, COCO LANG

INHALT

Öffnen Sie die Klappen dieses Buches.
Dort finden Sie die wichtigsten Infos zum Thema auf einen Blick!

KOCHEN MIT
5 ZUTATEN:
DIE VORTEILE

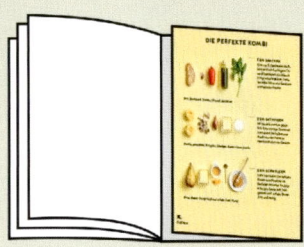
DIE PERFEKTE
KOMBI

Immer griffbereit:

Immer griffbereit:

SO GEHT'S:
AUS WENIG VIEL
MACHEN

SO GEHT'S:
GEMÜSE
VORBEREITEN

GU CLOU

Wussten Sie schon, dass ...?
Entdecken Sie bei einigen ausgewähl-
ten Rezepten ganz besondere Tipps
mit verblüffendem Insiderwissen.
Aha-Momente garantiert!

Mit diesem Symbol sind alle vegetarischen
Gerichte gekennzeichnet.

Die Backzeiten können je nach Herd variieren. Unsere Temperaturangaben beziehen
sich auf das Backen im Elektroherd mit
Ober- und Unterhitze.

Sammeln Ihrer Lieblingsrezepte
mit der »GU Kochen Plus«-App
(siehe S. 64)

REZEPTKAPITEL

06 SALATE & SNACKS

22 SUPPEN & SMOOTHIES

34 HAUPTGERICHTE

48 SÜSSES

ULRIKE SKADOW

*Beim alltäglichen Kochen liebt unsere Autorin Ulrike Skadow unkomplizierte Gerichte,
die schnell gemacht sind und trotzdem lecker schmecken. Dabei zählen vor allem quali-
tativ gute Lebensmittel und eine pfiffige Kombination daraus – einfach genial kochen!*

Wenige Zutaten und trotzdem lecker – klappt das?

Ja klar, es kommt auf die Auswahl der Zutaten an. Sucht man Gemüse und Obst nach Saison und Regi-on aus, ist schon viel gewonnen: Frische und ausgereifte Produkte bringen intensive Aromen auf den Teller. Ich achte auch auf gute Qualität von Fleisch, Fisch, Milch- und Getreideprodukten. Für einen knusprigen Tarte-Teig braucht es nicht mehr als Mehl, Öl oder Butter, eine Prise Salz und etwas Wasser. Die vielen Zusatzstoffe in Fertigprodukten sind über-flüssig. Setzt man wenige gute Lebensmittel clever ein, lassen sich im Handumdrehen wunderbar aroma-tische und leckere Gerichte zaubern.

Welche Vorteile gibt es dabei?

Eine kurze Einkaufsliste! Und: Mit wenigen, aus-gesuchten Lebensmitteln reduziert man zugleich Zeit und Aufwand für Zubereitung, Aufräumen und Abwasch. Außerdem lernt man dabei, alles optimal zu nutzen: Das Speckfett wird weiterver-wendet, übrige Gemüseblätter verwandeln sich in eine köstliche Suppe ... Keep it simple, less is more!

Und für besondere Anlässe?

Die Kunst liegt darin, das Beste aus allen Zutaten her-auszuholen, indem man bei-spielsweise das Fenchelgrün als Würze mitverwertet, Gar-nelenschalen für einen Sud auskocht, Nüsse und Kerne zuerst in der Pfanne anröstet oder Vanilleschoten über Nacht in der Sahne ziehen lässt. Dabei entstehen ganz natürliche »Geschmacksver-stärker« und damit eine sehr aromenreiche und genussvolle Küche. Das wissen natürlich auch Gäste zu schätzen. Außerdem gibt es ganz raffi-nierte 5-Zutaten-Gerichte, z. B. selbst gemachte Spätzle, gebratene Entenbrust oder eine Panna-cotta. Das passt sogar zu besonderen Anlässen – auch wenn der Aufwand gar nicht groß ist.

ZITRONEN-HÄHNCHEN

4 Hähnchenkeulen trocken tupfen,
am Gelenk durchschneiden. In einer
ofenfesten Form salzen und pfeffern.

2 Bio-Zitronen heiß waschen,
trocken tupfen und achteln.
Mit 12 ungeschälten Knoblauchzehen in der Form verteilen.

6 Thymianzweige waschen und
trocken schütteln, die Blättchen
abzupfen und darüberstreuen.

1 Zitrone auspressen, Saft und
2 EL Olivenöl darüberträufeln.

*Backofen auf 220° vorheizen. 6 EL Wasser in die
Form gießen. Die Hähnchenkeulen in 30–40 Min.
im heißen Ofen (Mitte) goldbraun garen, dabei
mehrfach mit Bratensaft übergießen und nach
ca. 15 Min. wenden. Bei Bedarf Wasser nachgießen.*

SALATE & SNACKS

LÖWENZAHNSALAT MIT SPECK UND POCHIERTEN EIERN

VITAMINREICH

*250 g zarte Löwenzahnblätter
(ersatzweise Endivien- oder
Feldsalat)
1 Schalotte
150 g durchwachsener
Räucherspeck
100 ml Weißweinessig + 3 EL
4 kühlschrankkalte Eier (L)
Pfeffer*

TAUSCH-TIPP

Anstelle der pochierten Eier
passen auch in ca. 6 Min.
wachsweich gekochte Eier.

1 Die Löwenzahnblätter verlesen, gründlich waschen und trocken schleudern. Die Schalotte schälen und fein hacken. Den Speck von der Schwarte befreien und klein würfeln.

2 In einem breiten Topf ca. 3 l Wasser und 100 ml Essig zum Sieden bringen. 2 Eier vorsichtig in je ein kleines Schälchen aufschlagen, sodass die Eigelbe ganz bleiben. Ein Schälchen an die Oberfläche des siedenden Wassers halten und das Ei vorsichtig hineingleiten lassen. Auf der gegenüberliegenden Topfseite das zweite Ei ebenso in das Wasser geben.

3 Die Eier ca. 3 Min. sanft garen, dabei die Eiweiße immer wieder mit einem Löffel um das jeweils zugehörige Eigelb formen, damit die pochierten Eier eine rundliche Form bekommen. Dann die Eier mit einer Schaumkelle aus dem Wasser heben und auf einem sauberen Geschirrtuch abtropfen lassen. Die beiden übrigen Eier ebenso zubereiten.

4 Eine Pfanne ohne Fett erhitzen und die Speckwürfel bei kleiner bis mittlerer Hitze darin auslassen, bis das Fett austritt. Dann die Hitze etwas erhöhen und die Speckwürfel rundum anbraten. Schalotte zugeben und ca. 1 Min. mitbraten. Alles mit dem restlichen Essig (3 EL) ablöschen und vom Herd nehmen.

5 Die Löwenzahnblätter auf vier flache Teller verteilen. Die Speckwürfel und den Bratensud darübergeben. Jeweils ein pochiertes Ei daraufsetzen und alles mit Pfeffer würzen. Den Löwenzahnsalat gleich servieren.

Für 4 Portionen • 15 Min. Zubereitung • 30 Min. Kühlen • Pro Portion ca. 60 kcal, 2 g E, 0 g F, 12 g KH

ROTE-BETE-SALAT MIT APFEL 🍃

HERBST-REZEPT

1 mittelgroße Rote Bete
   (ca. 300 g)
1 Stück Ingwer (ca. 1 cm lang)
1 Bio-Orange
½ Bund Petersilie
1 großer säuerlicher Apfel
   (z. B. Boskop)
Salz

1 Rote Bete putzen, schälen und grob in eine Salatschüssel reiben (dabei am besten Einmalhandschuhe tragen, da Rote Bete stark abfärbt). Den Ingwer schälen und fein reiben. Die Orange heiß waschen, trocken tupfen und die Schale fein abreiben. Orange halbieren und den Saft auspressen.

2 Die Petersilie waschen und trocken schütteln, die Blättchen abzupfen und fein hacken. Apfel waschen, trocken tupfen und vierteln. Von Stiel und Kerngehäuse befreien und zuerst in Spalten, dann in kleine Würfel schneiden.

3 Apfel, Petersilie, Ingwer, Orangenabrieb und -saft in die Schüssel zur Roten Bete geben. Alle Zutaten gut vermischen und mit Salz abschmecken. Die Schüssel abdecken und den Rote-Bete-Salat ca. 30 Min. im Kühlschrank ziehen lassen.

Für 4 Portionen • 25 Min. Zubereitung • 2 Std. Ruhen • Pro Portion ca. 365 kcal, 24 g E, 15 g F, 27 g KH

LINSENSALAT MIT TEMPEH

VEGAN

250 g grüne Le-Puy-
  Linsen (ersatzweise
  Berglinsen)
4 Frühlingszwiebeln
200 g Tempeh
4 EL Sesamöl
2 EL Aceto balsamico
Salz, Pfeffer

1 Die Linsen in einem Sieb kalt abbrausen und in einem Topf mit 750 ml Wasser bedecken. Nach Packungsanweisung in ca. 20 Min. weich köcheln, sodass sie noch etwas Biss haben. Die Linsen in ein Sieb abgießen und abtropfen lassen.

2 Inzwischen Frühlingszwiebeln putzen, waschen und mitsamt Grün in feine Ringe schneiden. Tempeh ca. 1 cm groß würfeln. Eine Pfanne mit 1 EL Sesamöl erhitzen und die Tempeh-Würfel darin von allen Seiten goldgelb anbraten, dann die Pfanne vom Herd nehmen.

3 Den Essig in einer Salatschüssel mit Salz und Pfeffer verrühren, das restliche Sesamöl (3 EL) untermengen. Die Linsen, die Frühlingszwiebeln und den Tempeh zum Dressing in die Schüssel geben. Alles gründlich vermengen, die Schüssel abdecken und den Linsensalat 1–2 Std. bei Raumtemperatur ziehen lassen.

TOMATEN-TARTELETTES 🍃

FÜRS PICKNICK

200 g Mehl
Salz
6 EL Olivenöl
750 g Kirschtomaten
150 g Ziegenfrischkäse (Rolle)
5 Zweige Thymian
Pfeffer

AUSSERDEM
4 Tarteförmchen à ca. 12 cm ⌀
   (ersatzweise 1 große Tarteform
   à ca. 25 cm ⌀)

1 175 g Mehl und 1 Prise Salz in einer Schüssel vermischen. 4 EL Öl zugießen und alles mit den Fingerspitzen zu Streuseln verarbeiten. 6 EL kaltes Wasser zugießen und die Mischung rasch zu einem glatten Teig verkneten. Eine Arbeitsfläche mit dem restlichen Mehl (ca. 25 g) bestäuben. Den Teig in vier gleich große Stücke teilen und die Viertel kreisförmig ca. 3 mm dick auf der bemehlten Arbeitsfläche ausrollen. Alternativ den gesamten Teig ca. 3 mm dick zu einem großen Kreis ausrollen, der in eine große Tarteform passt.

2 Die Tarteförmchen (ersatzweise die große Tarteform) samt Rand mit dem Teig auslegen. Den Teig mehrmals mit einer Gabel einstechen und ca. 30 Min. im Kühlschrank ruhen lassen. Inzwischen Tomaten von den Stielansätzen befreien, waschen und trocken tupfen. Die Hälfte des Ziegenkäses in dünne Scheiben schneiden, Rest grob zerpflücken. Thymian waschen, trocken schütteln und die Blättchen von den Zweigen streifen.

3 Backofen auf 200° vorheizen. Die Ziegenkäsescheiben auf dem Teig verteilen und mit den Tomaten belegen. Restlichen Ziegenkäse auf die Tomaten geben und alles mit etwas Salz, Pfeffer und Thymian bestreuen. Die Tartelettes bzw. die Tarte mit dem restlichen Olivenöl (2 EL) beträufeln. Etwa 30–40 Min. im heißen Ofen (unten) backen, bis der Teig goldbraun ist.

Für 4 Portionen • 15 Min. Zubereitung • 12 Min. Backen • Pro Portion ca. 300 kcal, 16 g E, 25 g F, 2 g KH

GEBACKENE EIER (ŒUFS COCOTTE)

AUS FRANKREICH

*100 g Räucherlachs
(in Scheiben)
3 Stängel Dill
1 TL Butter
8 EL Crème fraîche
Pfeffer
4 zimmerwarme Eier (L)*

AUSSERDEM
*4 ofenfeste Förmchen
(à ca. 10 cm ⌀,
mind. 5 cm hoch)*

1 Den Backofen auf 200° vorheizen. Räucherlachs klein würfeln. Dill waschen, trocken schütteln, die Blättchen von den Stängeln zupfen und klein schneiden. Die Förmchen mit Butter fetten.

2 Etwa 1,5 l Wasser zum Kochen bringen. Inzwischen je 1 EL Crème fraîche in die Förmchen geben. Die Lachsstückchen darauf verteilen, mit Dill und jeweils 1 EL Crème fraîche bedecken. Mit Pfeffer bestreuen. Die Eier vorsichtig aufschlagen, sodass die Eigelbe ganz bleiben, und jeweils 1 Ei in jedes Förmchen gleiten lassen.

3 Die Förmchen in eine größere ofenfeste Form stellen. Das kochende Wasser in die große Form gießen, sodass die Förmchen bis zur Hälfte im Wasser stehen. Die Eiermischung im Wasserbad im heißen Ofen (unten) 10–12 Min. garen, bis das Eiweiß gestockt, das Eigelb aber noch flüssig ist. Die gebackenen Eier heiß servieren. Dazu passt frisches oder geröstetes Weißbrot.

Für 4 Portionen • 15 Min. Zubereitung • Pro Portion ca. 260 kcal, 15 g E, 21 g F, 3 g KH

KRÄUTER-OMELETT 🍃

ZUM BRUNCH

8 Eier
3 EL Sahne
Salz, Pfeffer
½ Bund Estragon
½ Bund Schnittlauch
2 EL Butter

TIPP
Mit einer kleinen Pfanne können Sie aus der Eiermasse ebenso gut zwei kleinere Omeletts zubereiten. In jedem Fall gilt: zügig ausbacken, damit sie locker und saftig bleiben.

1 Die Eier mit der Sahne, Salz und Pfeffer in einer Schüssel verquirlen. Estragon und Schnittlauch waschen und trocken schütteln. Die Estragonblättchen von den Stängeln zupfen und grob hacken. Den Schnittlauch in Röllchen schneiden.

2 Die Butter in einer großen Pfanne erhitzen. Die Eiermischung in die Pfanne geben und etwa drei Viertel der Kräuter darauf verteilen. Das Omelett bei mittlerer bis starker Hitze 4–5 Min. ausbacken. Dabei mehrfach mit einem Pfannenwender an den Rändern leicht anheben, sodass flüssige Masse nach außen ablaufen kann.

3 Wenn die Eiermasse zu stocken beginnt, die restlichen Kräuter darauf verteilen und das Omelett in Viertel schneiden. Gleich servieren.

Für 4 Portionen • 10 Min. Zubereitung • Pro Portion ca. 330 kcal, 8 g E, 11 g F, 48 g KH

BRUSCHETTA

FÜRS GRILLFEST

8 Scheiben Bauernbrot vom
   Vortag
4 Knoblauchzehen
5 mittelgroße vollreife Tomaten
4 Stängel Basilikum
Salz, Pfeffer
4 EL Olivenöl

TIPP

Alternativ schmeckt dazu Baguette- oder Ciabattabrot. Beim Grillfest die Brotscheiben auf dem Grill rösten; Bruschetta passt auch gut zu einem Buffet.

1 Die Brotscheiben je nach Größe halbieren, toasten und etwas abkühlen lassen. Inzwischen die Knoblauchzehen schälen, halbieren und bei Bedarf vom Keim befreien. Tomaten waschen und halbieren. Acht Tomatenhälften grob entkernen und sehr klein würfeln. Das Basilikum waschen, trocken schütteln und die Blättchen von den Stängeln zupfen, je nach Größe etwas kleiner schneiden.

2 Die Brotscheiben zuerst mit den halbierten Knoblauchzehen und dann mit den beiden übrigen Tomatenhälften abreiben, sodass nur die Tomatenhaut übrig bleibt, diese entsorgen. Die Tomatenwürfel auf den Brotscheiben verteilen, mit Salz und Pfeffer würzen. Mit Olivenöl beträufeln und mit den Basilikumblättchen garnieren.

Für 4 Portionen • 15 Min. Zubereitung • Pro Portion ca. 275 kcal, 13 g E, 20 g F, 9 g KH

ZIEGENKÄSE-BÄLLCHEN 🌿

FÜR GÄSTE

5 getrocknete Soft-Datteln
  (entsteint)
30 g Pistazienkerne
2 EL Mohnsamen
1 EL edelsüßes Paprikapulver
250 g Ziegenfrischkäse
Salz, Pfeffer

1 Datteln klein würfeln und beiseitestellen. Die Pistazienkerne klein hacken und auf einen kleinen Teller geben. Die Mohnsamen und das Paprikapulver ebenfalls jeweils auf einem kleinen Teller verteilen.

2 Ziegenkäse mit etwas Salz und Pfeffer würzen. Mit einem Teelöffel eine etwa walnussgroße Menge davon abstechen und zwischen den Handflächen zu einem Bällchen rollen, dabei etwa ⅓ TL gehackte Datteln in die Mitte der Kugel geben. Die restlichen Ziegenkäse-Bällchen auf die gleiche Weise zubereiten, dabei ein Drittel der Kugeln in den Mohnsamen, das zweite Drittel im Paprikapulver und den Rest in den gehackten Pistazien wälzen. Die Ziegenkäse-Bällchen bis zum Servieren kühl stellen.

LACHS-TATAR

EINFACH

400 g frisches Lachsfilet
(ohne Haut; Sushi-Qualität)
½ Bio-Zitrone
1 Stück Ingwer (ca. 1 cm lang)
½ Bund Schnittlauch
2 EL Olivenöl
Salz, Pfeffer

1 Das Lachsfilet trocken tupfen und bei Bedarf restliche Grä-ten mit einer Pinzette entfernen. Das Filet in sehr feine Würfel schneiden. Die Zitrone heiß waschen und trocken tupfen. Die Schale fein abreiben und den Saft auspressen. Den Ingwer schälen und fein reiben. Den Schnittlauch waschen, trocken schütteln und in Röllchen schneiden.

2 Lachswürfel mit Zitronenabrieb, 1 EL Zitronensaft, Ingwer, Schnittlauch und Olivenöl in einer Schüssel gut vermischen. Mit Salz, Pfeffer und Zitronensaft abschmecken. Lachs-Tatar ca. 3 Std. im Kühlschrank ruhen lassen. Dann nochmals ab-schmecken und auf vier kleine Teller oder Gläser verteilen. Bis zum Servieren kühl stellen. Das Lachs-Tatar im Kühlschrank aufbewahren und am Zubereitungstag verzehren.

GU CLOU

Um den Lachs problemlos in kleine Würfel schnei-den zu können, sollte er gut gekühlt sein: dazu das Filet ca. 15 Min. ins Tiefkühlfach legen. Damit das Tatar seine knackige Konsistenz behält, sollte der Fisch auch bei der Zubereitung nicht zu warm wer-den – Schüssel und Gläser am besten ca. 1 Std. vor Arbeitsbeginn in den Kühlschrank stellen.

Für 4 Portionen • 20 Min. Zubereitung • 2 Std. Kühlen •
Pro Portion ca. 240 kcal, 21 g E, 16 g F, 2 g KH

Für 4 Portionen • 10 Min. Zubereitung •
Pro Portion ca. 415 kcal, 5 g E, 42 g F, 4 g KH

MAKRELEN-RILLETTES

VORSPEISE

400 g geräucherte Makrelenfilets • 3 Schalotten •
1 Salzzitrone (ersatzweise 1 Bio-Zitrone) • ½ Bund
Dill • 1 TL rosa Pfefferbeeren (ersatzweise schwarze Pfefferkörner)

1 Makrelenfilets von Haut und Gräten befreien.
Schalotten schälen und fein hacken. Salzzitrone
abbrausen, trocken tupfen und die Schale sehr
klein würfeln, Fruchtfleisch und Kerne entfernen
(Bio-Zitrone heiß waschen, trocken tupfen, Hälfte
der Schale abreiben und Saft auspressen). Dill
waschen, trocken schütteln und die Blättchen fein
schneiden. Pfeffer im Mörser grob zerstoßen.

2 Makrele, Schalotten und Salzzitrone (ersatzweise Zitronensaft und -abrieb) mit einer Gabel zu
einer kompakten Masse mischen und zerdrücken.
Dill und nach Bedarf 1–2 EL Wasser untermengen.
Die Makrelen-Rillettes abschmecken und ca. 2 Std.
kühl stellen. Mit den rosa Pfefferbeeren bestreuen.

PESTO-DIP

SCHNELL GEMACHT

2 Bund Basilikum • 1 Knoblauchzehe • 60 g Pecorino • 2 EL helles Mandelmus • 125 ml Olivenöl (extra vergine) • Salz, Pfeffer

1 Das Basilikum waschen und trocken schütteln,
dicke Stängel entfernen. Die Knoblauchzehe
schälen und grob hacken. Den Pecorino fein
reiben. Basilikum, Knoblauch, Pecorino, Mandelmus und Olivenöl mit einem Pürierstab oder in
einem Mixer grob pürieren. Den Pesto-Dip mit
Salz und Pfeffer abschmecken, nach Geschmack
noch etwas Olivenöl untermengen. Dazu passen
rohe Gemüse-Sticks, Schafskäsewürfel oder
geröstetes Weißbrot.

TAUSCH-TIPP

Statt Basilikum eignen sich auch Petersilie, Koriander, Baby-Blattspinat oder die Blätter des
Staudenselleries.

Für 4 Portionen • 10 Min. Zubereitung • 1 Std. Kühlen •
Pro Portion ca. 140 kcal, 5 g E, 6 g F, 14 g KH

Für 4 Portionen • 10 Min. Zubereitung •
15 Min. Garen •
Pro Portion ca. 205 kcal, 15 g E, 1 g F, 31 g KH

HUMMUS ◖

VEGAN

1 Dose Kichererbsen (ca. 250 g Abtropfgewicht) •
1 Knoblauchzehe • 1 Zitrone • 2 EL Tahin (Sesampaste) • edelsüßes Paprikapulver (ersatzweise
gemahlener Kreuzkümmel) • Salz

1 Die Kichererbsen in ein Sieb abgießen, kalt
abbrausen und abtropfen lassen. Die Knoblauchzehe schälen und grob hacken. Den Saft der
Zitrone auspressen.

2 Die Hälfte des Zitronensafts mit den Kichererbsen, Knoblauch, Sesampaste, 1 TL Paprikapulver, 1 Prise Salz und 3 EL Wasser mit einem Pürierstab oder in einem Mixer zu einer gleichmäßigen
Paste pürieren. Mit Zitronensaft abschmecken und
nach Belieben noch etwas Wasser untermixen.
Den Hummus ca. 1 Std. in den Kühlschrank stellen, vor dem Servieren Raumtemperatur annehmen lassen und mit Paprikapulver bestreuen.
Dazu passen Fladenbrot und Olivenöl.

ROTE-LINSEN-DIP ◖

ORIENTALISCH

200 g rote Linsen • 4 getrocknete Tomaten (in Olivenöl) • 1 Bio-Zitrone • ½ Bund Koriandergrün •
1 TL Ras el Hanout • Salz

1 Die Linsen kalt abbrausen, mit 750 ml Wasser
erhitzen und ca. 15 Min. bei kleiner Hitze köcheln
lassen, bis sie anfangen zu zerfallen. Dann abgießen. Inzwischen die Tomaten kurz abtropfen
lassen, dabei das Öl auffangen. Tomaten quer
in schmale Streifen schneiden. Zitrone heiß
waschen, trocken tupfen, von einer Hälfte die
Schale fein abreiben und den Saft der ganzen
Zitrone auspressen. Koriandergrün waschen und
trocken schütteln, dickere Stiele entfernen.

2 Linsen, Tomaten, Zitronensaft und -abrieb,
Ras el Hanout, die Hälfte des Korianders samt
Stielen und Salz fein pürieren. Linsen-Dip mit
1–2 EL des Tomaten-Öls mischen und abschmecken. Mit dem übrigen Koriandergrün bestreuen.

SUPPEN & SMOOTHIES

Für 4 Portionen • 15 Min. Zubereitung • 15 Min. Garen • Pro Portion ca. 120 kcal, 7 g E, 3 g F, 13 g KH

KALTE ERBSENSUPPE MIT MINZE

SOMMER-REZEPT

850 g Erbsenschoten (ersatz-
    weise 350 g TK-Erbsen)
2 Frühlingszwiebeln
½ Bund Minze
700 ml Gemüsebrühe
Salz, Pfeffer
125 g griechischer Joghurt
    (10 % Fett)

1 Die Erbsen aus den Hülsen palen, in einem Sieb kalt abbrausen und in einen Topf geben. Von den Frühlingszwiebeln die Wurzelansätze und die welken grünen Teile abschneiden. Die Frühlingszwiebeln waschen und mitsamt dem Grün in feine Ringe schneiden. Die Minze waschen und trocken schütteln, 2 Stängel beiseitelegen, vom Rest die Blättchen abzupfen.

2 Die Frühlingszwiebeln, die beiden Minzestängel und die Gemüsebrühe zu den Erbsen geben. Alles erhitzen und das Gemüse in 10–15 Min. bei kleiner Hitze zugedeckt weich köcheln. Die Minzestängel entfernen und die Erbsensuppe mit einem Stabmixer pürieren. Mit Salz und Pfeffer abschmecken und abkühlen lassen. Einige Minzeblättchen für die Garnitur beiseitelegen, den Rest grob hacken und mit 100 g Joghurt in die Suppe geben. Kurz pürieren und bis zum Servieren kalt stellen. Die kalte Erbsensuppe mit dem restlichen Joghurt (ca. 2 EL) und den Minzeblättchen garnieren.

Für 4 Portionen • 15 Min. Zubereitung • 20 Min. Garen • Pro Portion ca. 85 kcal, 1 g E, 5 g F, 8 g KH

MÖHREN-KURKUMA-SÜPPCHEN 🌿

AROMATISCH

400 g Möhren mit frischem
*   Grün*
2 Schalotten
2 EL Olivenöl
½ EL gemahlene Kurkuma
Salz, Pfeffer
1 EL Honig

1 Die Möhren gründlich waschen und putzen. 1 Handvoll Möhrengrün ebenfalls waschen und trocken schütteln, die Blättchen von den Stängeln streifen und grob hacken. Die Möhren in Scheiben schneiden. Die Schalotten schälen und grob hacken.

2 Olivenöl in einem Topf erhitzen. Die Schalotten darin bei kleiner Hitze glasig andünsten. Möhren zugeben und ca. 2 Min. sanft mitdünsten, dabei regelmäßig umrühren. Kurkuma unterrühren.

3 800 ml Wasser angießen, alles mit Salz und Pfeffer würzen und das Gemüse in ca. 20 Min. zugedeckt weich garen. Topf vom Herd nehmen und die Suppe mit einem Pürierstab pürieren. Honig unterrühren und die Suppe abschmecken. Das Möhren-Kurkuma-Süppchen mit den Möhrenblättchen bestreuen. Heiß oder kalt servieren.

Für 4 Portionen • 15 Min. Zubereitung • 10 Min. Garen • Pro Portion ca. 285 kcal, 10 g E, 21 g F, 13 g KH

BLÄTTER-SUPPE 🌿

NO-WASTE-REZEPT

*3 Handvoll frische Blätter
(z. B. von Rübchen, Rote
Bete, Radieschen, Kohlrabi;
ersatzweise Salatblätter)*
2 EL Butter
1 l Milch
Salz, Pfeffer
2 Eigelb
2 EL Crème fraîche

1 Die Blätter verlesen, gröbere Stängel entfernen. Blätter gründlich waschen und trocken schleudern, einige kleine Blättchen für die Garnitur beiseitelegen. Übrige Blätter in schmale Streifen schneiden.

2 Butter in einem Topf erhitzen. Die Blätterstreifen zugeben und ca. 3 Min. unter gelegentlichem Rühren andünsten. Milch zugießen und alles bei kleiner Hitze in 5–10 Min. zugedeckt weich garen. Die Suppe mit Salz und Pfeffer würzen und nach Belieben pürieren.

3 Die Eigelbe mit der Crème fraîche verrühren und mit einem Kochlöffel unter die Suppe mischen. Alles nochmals kurz erhitzen, aber nicht mehr kochen lassen. Die Blätter-Suppe abschmecken, mit den beiseitegelegten Blättchen garnieren und servieren.

Für 4 Portionen • 30 Min. Zubereitung • 35 Min. Garen • Pro Portion ca. 300 kcal, 29 g E, 18 g F, 4 g KH

GARNELENSUPPE MIT KOKOSMILCH

PIKANT

*1 kg Garnelen (roh; mit Schale
   und Kopf)
4 Frühlingszwiebeln
1 EL Sonnenblumenöl
1 EL Currypaste
250 ml cremige Kokosmilch
Salz*

1 Garnelen trocken tupfen und schälen, dabei die Köpfe entfernen und mit den Schalen beiseitelegen. Mit einem spitzen Messer den Rücken der Garnelen leicht einschneiden und den schwarzen Darm entfernen. Frühlingszwiebeln putzen und waschen. Grüne Teile in Ringe schneiden, weiße Teile grob hacken. Öl in einem Topf erhitzen. Garnelenköpfe und -schalen ca. 3 Min. bei mittlerer Hitze darin anbraten. Gehackte Frühlingszwiebeln und Currypaste unterrühren, ca. 2 Min. unter Rühren mitbraten.

2 1 l Wasser zugießen und alles ca. 20 Min. mit leicht geöffnetem Topfdeckel sanft köcheln. Den Sud durch ein Sieb abgießen und auffangen, dabei die Garnelenteile gut ausdrücken. Sud erneut erhitzen und bei kleiner Hitze offen in ca. 15 Min. auf etwa die Hälfte einkochen lassen. Kokosmilch zugießen und aufkochen lassen. Garnelen zugeben und ca. 2 Min. sanft garen. Die Garnelensuppe mit Salz und Currypaste abschmecken, mit Frühlingszwiebelgrün bestreuen.

Für 4 Portionen • 35 Min. Zubereitung • Pro Portion ca. 225 kcal, 8 g E, 13 g F, 23 g KH

HOKKAIDO-ROQUEFORT-SUPPE 🍃

HERBST-REZEPT

700 g Hokkaido-Kürbis
1 Zwiebel
2 EL Olivenöl
½ Bund Schnittlauch
100 g Roquefort
Salz, Pfeffer

1 Kürbis waschen, von Kernen und Fasern befreien, mit Schale in ca. 3 cm große Würfel schneiden. Zwiebel schälen und klein hacken.

2 Das Öl in einem Topf erhitzen und die Zwiebel darin anschwitzen. Die Kürbiswürfel zugeben und 2–3 Min. mitbraten, dabei umrühren. Das Gemüse mit etwa 750 ml Wasser knapp bedecken und alles aufkochen lassen. Etwa 20 Min. bei kleiner Hitze zugedeckt sanft köcheln lassen, bis der Kürbis gar ist.

3 Inzwischen den Schnittlauch waschen, trocken schütteln und in feine Röllchen schneiden. Den Roquefort grob zerbröckeln. Die Kürbissuppe pürieren, mit Salz und Pfeffer abschmecken. Auf vier Schalen oder Suppenteller verteilen und die Roquefort-Stückchen jeweils in die Mitte geben. Die Hokkaido-Roquefort-Suppe mit Schnittlauch bestreuen und servieren.

Für 4 Portionen • 20 Min. Zubereitung • Pro Portion ca. 310 kcal, 7 g E, 14 g F, 38 g KH

MARONEN-CREMESUPPE

WINTER-REZEPT

*400 g vorgegarte Maronen
    (vakuumverpackt oder aus
    dem Glas)
800 ml Hühnerbrühe
30 g Haselnusskerne
125 g Sahne
Salz, Pfeffer
gemahlener Piment*

1 Die Maronen in einen Topf geben, die Hühnerbrühe zugießen und alles erhitzen. Die Maronen bei kleiner Hitze 5–10 Min. zugedeckt garen, bis sie anfangen zu zerfallen. Inzwischen die Haselnüsse in einer Pfanne ohne Fett hell anrösten. Etwas abkühlen lassen und mit einem Geschirrtuch abreiben, um die Häutchen zu entfernen. Die Haselnüsse grob in Scheiben schneiden.

2 100 g Sahne zu den Maronen in den Topf gießen und alles fein pürieren, bei Bedarf etwas Wasser unterrühren. Die Suppe nochmals kurz erhitzen und mit Salz, Pfeffer und Piment abschmecken. Die Maronen-Cremesuppe auf vier Teller verteilen. Mit der übrigen Sahne (ca. 2 EL) und den gerösteten Haselnüssen garnieren.

Für 4 Portionen • 30 Min. Zubereitung • Pro Portion ca. 190 kcal, 6 g E, 14 g F, 10 g KH

LAUCH-MANDEL-SÜPPCHEN 🍃

LEICHT GEMACHT

4 mittelgroße Stangen Lauch
1 mittelgroße mehligkochende
   Kartoffel
3 EL Olivenöl
4 EL Sprossen (z. B. Alfalfa,
   Rucola oder Bockshornklee)
2 EL helles Mandelmus
Salz, Pfeffer

1 Lauch putzen und gründlich waschen, helle Teile in Ringe schneiden, zwei dunkelgrüne Lauchblätter quer in feine Streifen schneiden. Kartoffel schälen, abbrausen und klein würfeln. 1 ½ EL Öl in einem Topf erhitzen. Die Lauchringe ca. 5 Min. darin anschwitzen. Kartoffelwürfel zugeben, alles mit etwa 800 ml Wasser knapp bedecken und bei kleiner Hitze ca. 15 Min. zugedeckt köcheln.

2 Inzwischen das restliche Öl (1 ½ EL) in einer Pfanne erhitzen. Die dunkelgrünen Lauchstreifen kross darin anbraten, dann aus der Pfanne nehmen. Die Sprossen in einem Sieb kalt abbrausen und trocken tupfen. Mandelmus, Salz und Pfeffer zur Lauchsuppe geben und alles fein pürieren. Nach Belieben noch etwas Wasser zugießen. Das Lauch-Mandel-Süppchen auf vier Suppenteller verteilen. Mit den Lauchstreifen und jeweils 1 EL Sprossen garnieren.

Für 4 Portionen • 15 Min. Zubereitung • 45 Min. Garen • Pro Portion ca. 375 kcal, 16 g E, 20 g F, 33 g KH

FRANZÖSISCHE ZWIEBELSUPPE

KLASSIKER

4 Zwiebeln (ca. 400 g)
2 EL Butter
5 Scheiben helles Landbrot
  vom Vortag
1,6 l Hühnerbrühe
Salz, Pfeffer
150 g Gruyère

MEHR DARAUS MACHEN
Um die Suppe zu verfeinern, ca. 200 ml Brühe durch trockenen Weißwein ersetzen.

1 Zwiebeln schälen und längs in feine Ringe schneiden. Butter in einem großen Topf schmelzen. Zwiebelringe darin 10–15 Min. bei kleiner Hitze hell anschwitzen, dabei immer wieder umrühren. Inzwischen 1 Scheibe Brot von der Rinde befreien, hell toasten und in einem Mörser fein zerreiben. Über die Zwiebeln im Topf streuen und unterrühren, dann die Brühe zugießen. Mit etwas Salz und reichlich Pfeffer würzen. Die Suppe bei kleiner Hitze 15–20 Min. offen köcheln lassen, sodass sie leicht eindickt.

2 Backofen auf 250° vorheizen und den Backofengrill zuschalten. Gruyère entrinden und grob reiben. Die heiße Zwiebelsuppe in vier ofenfeste Suppenschalen, eine große ofenfeste Schüssel oder einen ofenfesten Topf gießen. Mit den restlichen 4 Brotscheiben bedecken, dazu die Scheiben bei Bedarf halbieren. Geriebenen Käse darüberstreuen und die französische Zwiebelsuppe 7–8 Min. im heißen Ofen (oben) gratinieren lassen, bis der Käse goldbraun ist.

Für 4 Portionen • 10 Min. Zubereitung • Pro Portion ca. 115 kcal, 2 g E, 2 g F, 22 g KH

FRÜHSTÜCKS-SMOOTHIE ◖

VITAMINREICH

2 kleine Äpfel
1 Birne
1 große Knolle Fenchel
2 Bio-Orangen
400 ml ungesüßter Haferdrink

TIPP
Für einen perfekten Smoothie sollte das Gemüse knackig frisch und das Obst möglichst reif und saftig sein.

1 Äpfel und Birne schälen, putzen, von Stielen und Kerngehäuse befreien und in Spalten schneiden. Den Fenchel waschen und putzen, dabei die harten Stiele entfernen. Fenchel halbieren und den Strunk keilförmig herausschneiden. Das Fenchelgrün beiseitelegen und den Fenchel quer in schmale Streifen schneiden. 1 Orange heiß waschen und trocken tupfen, von einer Hälfte die Schale fein abreiben. Beide Orangen halbieren und den Saft auspressen.

2 Äpfel, Birne, Fenchel samt Grün, Orangensaft und -abrieb sowie Haferdrink in einen Hochleistungsmixer geben. Alles 3–4 Min. mixen, dabei mehrmals kleine Pausen machen, bis der Smoothie eine gleichmäßige, schaumige Konsistenz hat. Gleich genießen.

Für 4 Portionen • 10 Min. Zubereitung • Pro Portion ca. 205 kcal, 2 g E, 15 g F, 15 g KH

GRÜNER SMOOTHIE 🌿

BALLASTSTOFFREICH

100 g Babyspinat
2 reife Avocados (ca. 300 g)
1 Stück Ingwer (ca. 2 cm lang)
1 Bio-Zitrone
500 ml ungesüßter Reisdrink

MEHR DARAUS MACHEN
Für einen Frischekick an heißen Sommertagen vier Eiswürfel mitmixen.

1 Den Babyspinat verlesen, waschen und trocken schleudern. Die Avocados schälen, vom Kern befreien und das Fruchtfleisch grob würfeln. Den Ingwer schälen und fein reiben. Die Zitrone heiß waschen und trocken tupfen, von einer Hälfte die Schale abreiben. Den Saft der Zitrone auspressen.

2 Den Spinat mit den Avocados, dem Ingwer, dem Zitronensaft und -abrieb sowie dem Reisdrink in einen Hochleistungsmixer geben und 2–3 Min. mixen, bis der Smoothie eine gleichmäßige Konsistenz hat. Nach Belieben etwas mehr Reismilch zugießen und alles nochmals kurz mixen. Gleich genießen.

HAUPTGERICHTE

SPÄTZLE MIT ROQUEFORT-CREME ♦

GRUNDREZEPT

400 g Mehl
Salz
4 Eier
150 g Roquefort
300 g Sahne
Pfeffer
2 EL Butter

AUSSERDEM
1 Spätzlepresse oder -hobel

1 Das Mehl und 1 TL Salz in einer Schüssel vermischen. Die Eier verquirlen, in die Mitte des Mehls geben und alles vermengen. Nach und nach etwa 150 ml kaltes Wasser zugießen und alles so lange mit einem Holzlöffel oder mit den Quirlen eines Handrührgeräts verrühren, bis ein gleichmäßig zähflüssiger Teig entsteht, der Blasen wirft. Den Teig zudecken und ca. 15 Min. bei Zimmertemperatur ruhen lassen.

2 Inzwischen einen großen Topf mit Salzwasser erhitzen. Den Roquefort mit einer Gabel zerdrücken. Mit Sahne und etwas Pfeffer in einem kleinen Topf erhitzen. In ca. 10 Min. bei kleiner Hitze offen zu einer cremigen Sauce köcheln lassen.

3 Den Teig portionsweise durch eine Spätzlepresse oder einen Spätzlehobel in das kochende Wasser drücken. Kurz kochen lassen, bis die Spätzle an die Wasseroberfläche steigen. Dann mit einer Schaumkelle herausheben, in kaltem Wasser abschrecken und in einem Sieb gut abtropfen lassen. Den übrigen Teig auf die gleiche Weise verarbeiten.

4 Die Butter in einer großen Pfanne erhitzen und die Spätzle darin rundum goldgelb anbraten. Die Roquefort-Creme kurz erhitzen und zu den Spätzle servieren.

Für 4 Portionen • 20 Min. Zubereitung • 20 Min. Einweichen • Pro Portion ca. 785 kcal, 18 g E, 36 g F, 93 g KH

TAGLIATELLE MIT STEINPILZSAUCE

SCHNELL GEMACHT

30 g getrocknete Steinpilze
2 Schalotten
1 EL Butter
400 g Crème fraîche
Salz, Pfeffer
500 g Tagliatelle

1 Die Steinpilze in einem Schälchen mit 300 ml warmem Wasser übergießen und ca. 20 Min. einweichen lassen. Inzwischen die Schalotten schälen und fein hacken.

2 Die Butter in einem Topf erhitzen und die Schalotten darin in ca. 3 Min. hell anschwitzen. Die Steinpilze mitsamt dem Einweichwasser zugeben. Die Crème fraîche unterrühren. Alles mit Salz und Pfeffer würzen und bei kleiner Hitze offen ca. 15 Min. einkochen lassen, dabei gelegentlich umrühren. Die Sauce abschmecken.

3 Inzwischen Salzwasser in einem großen Topf zum Kochen bringen und die Tagliatelle darin nach Packungsanweisung garen. Abgießen, auf vier Teller verteilen und mit der Steinpilzsauce übergießen.

Für 4 Portionen • 25 Min. Zubereitung • Pro Portion ca. 590 kcal, 30 g E, 10 g F, 94 g KH

SPAGHETTI MIT SARDINEN

PIKANT

Salz
500 g Spaghetti
280 g Sardinen (in Olivenöl)
6 Knoblauchzehen
½ Bund Petersilie
1 kleine rote Chilischote

1 Einen großen Topf mit Salzwasser erhitzen und die Spaghetti darin nach Packungsanweisung bissfest garen. Dann in ein Sieb abgießen und dabei etwas Kochwasser auffangen.

2 Inzwischen die Sardinen abgießen, dabei das Öl auffangen. Die Sardinen mit einer Gabel grob zerkleinern. Knoblauch schälen und quer in dünne Scheiben schneiden. Die Petersilie waschen und trocken schütteln, die Blättchen abzupfen und klein hacken. Die Chilischote waschen, halbieren, weiße Trennwände und Kerne entfernen und die Chilischote klein hacken.

3 4 EL des aufgefangenen Olivenöls in einer großen Pfanne erhitzen. Den Knoblauch und die Chilischote darin bei kleiner Hitze hell anschwitzen. Die Sardinen und die Petersilie untermischen, dann die Spaghetti mit 2–3 EL des aufgefangenen Kochwassers zugeben. Alles kurz erhitzen und dabei gut vermischen.

Für 4 Portionen • 30 Min. Zubereitung • Pro Portion ca. 210 kcal, 13 g E, 14 g F, 6 g KH

GEMÜSE-TOFU-WOK 🍃

VEGAN

400 g Tofu
3 Frühlingszwiebeln
3 Paprika
3 EL Sesamöl
3 EL Sojasauce
Pfeffer

1 Den Tofu in ca. 1 cm große Würfel schneiden. Frühlingszwiebeln putzen und waschen, weiße und grüne Teile getrennt voneinander in Ringe schneiden. Paprika waschen und halbieren, von Kernen und weißen Trennwänden befreien und in schmale Streifen schneiden.

2 2 EL Sesamöl in einem Wok oder in einer großen Pfanne erhitzen. Die Tofuwürfel darin rundum goldgelb anbraten, dann herausnehmen. Das restliche Öl (1 EL) in den Wok geben und die Paprikastreifen darin ca. 10 Min. bei mittlerer Hitze anbraten, dabei regelmäßig umrühren. Dann den weißen Teil der Frühlingszwiebeln hinzufügen und alles noch ca. 5 Min. garen.

3 Die Tofuwürfel zum Gemüse in den Wok geben und kurz mitbraten. Alles mit Sojasauce ablöschen, mit Pfeffer würzen und gut vermengen. Auf vier Teller verteilen und mit dem Frühlingszwiebelgrün bestreuen. Dazu passt Reis.

Für 4 Portionen • 50 Min. Zubereitung • Pro Portion ca. 530 kcal, 35 g E, 11 g F, 71 g KH

ROSENKOHLPFANNE MIT POLENTA

WINTER-REZEPT

1 kg Rosenkohl
1 Zwiebel
300 g durchwachsener
    Räucherspeck
200 g Instant-Polenta
    (Maisgrieß)
250 g vorgegarte Maronen
    (vakuumverpackt oder
    aus dem Glas)

TAUSCH-TIPP
Statt Rosenkohl passt auch
in Streifen geschnittener
Wirsing.

1 Den Rosenkohl waschen, von Stielansätzen und welken Blättern befreien. Die Zwiebel schälen, halbieren und in feine Streifen schneiden. Den Speck von der Schwarte befreien und klein würfeln.

2 Die Speckwürfel in einer großen Pfanne bei kleiner bis mittlerer Hitze rundum leicht anbraten, bis das Fett austritt. 1 EL Speckfett abschöpfen und beiseitestellen. Die Zwiebelstreifen zum Speck geben und ca. 3 Min. mit anschwitzen. Rosenkohl zugeben und rundum kurz anbraten, dann 4 EL Wasser zugießen. Den Rosenkohl in 10–15 Min. zugedeckt bissfest garen, dabei öfter umrühren.

3 Inzwischen die Polenta nach Packungsanweisung in ca. 5 Min. fertig garen. Die Maronen in die Rosenkohlpfanne geben, mit erhitzen und alles salzen und pfeffern. Die Polenta mit dem beiseitegestellten Speckfett vermengen und zur Rosenkohlpfanne servieren.

KARTOFFEL-CAMEMBERT-AUFLAUF

GÜNSTIG

1 kg festkochende Kartoffeln
1 reifer Camembert (250 g)
200 g durchwachsener Räucher-
speck
2 Zwiebeln
100 ml trockener Cidre (ersatz-
weise trockener Weißwein)
Salz, Pfeffer

1 Kartoffeln waschen und 15–20 Min. in kochendem Wasser bissfest garen, dann pellen und in ca. 0,5 cm dicke Scheiben schneiden. Camembert halbieren, eine Hälfte in dünne Scheiben schneiden, die andere Hälfte grob würfeln. Den Speck von der Schwarte befreien und in kleine Würfel schneiden. Die Zwiebeln schälen, halbieren und in feine Streifen schneiden.

2 Die Speckwürfel in einer Pfanne bei kleiner bis mittlerer Hitze rundum anbraten, bis das Fett austritt. Dann die Hitze etwas erhöhen, die Zwiebelstreifen zugeben und in ca. 3 Min. goldgelb mitbraten. Den Backofen auf 220° vorheizen. Den Cidre zur Speck-Zwiebel-Mischung gießen und alles ca. 5 Min. offen garen, bis die Flüssigkeit verdampft ist. Mit wenig Salz und reichlich Pfeffer würzen.

3 Eine ofenfeste Form mit etwas Bratfett aus der Pfanne leicht einfetten. Die Hälfte der Kartoffelscheiben und die Camembertwürfel in der Form verteilen. Die Zwiebel-Speck-Mischung daraufgeben und alles mit den restlichen Kartoffelscheiben bedecken. Zuletzt die Camembertscheiben darauf verteilen. Den Auflauf ca. 25 Min. im heißen Ofen (unten) backen, bis der Camembert geschmolzen und das Gratin goldbraun ist.

ENTENBRUST IN BALSAMICO-HONIG-SAUCE

FÜR GÄSTE

2 Entenbrustfilets (à ca. 400 g)
Salz, Pfeffer
5 Schalotten
750 g weiße Rübchen (z. B. Teltower
*   Rübchen, Mairübchen)*
80 ml Aceto Balsamico
3 EL Honig

1 Die Entenbrustfilets trocken tupfen und die Fettschicht mit einem scharfen Messer kreuzweise einschneiden, ohne dabei in das Fleisch zu schneiden. Die Filets rundum salzen und pfeffern. Schalotten schälen und fein hacken. Rübchen putzen, schälen und ca. 1 cm groß würfeln, frisches Blattgrün waschen, klein schneiden und beiseitestellen.

2 Backofen auf 60° vorheizen und vier Teller darin vorwärmen. Eine Pfanne erhitzen. Die Entenbrustfilets mit der Fettseite nach unten hineinlegen und darin in 8–10 Min. bei mittlerer Hitze anbraten, dabei mehrfach mit dem austretenden Fett begießen. Das Entenfett abschöpfen und beiseitestellen. Entenbrustfilets wenden und in weiteren 6–7 Min. goldbraun braten.

3 Inzwischen in einer zweiten Pfanne die Rübchen in 2 EL Entenfett rundum hell anbraten. Mit Salz und Pfeffer würzen und bei kleiner Hitze in ca. 10 Min. zugedeckt bissfest garen.

4 Fleisch aus der Pfanne nehmen, auf einem Teller im Backofen warm halten. Schalotten in die Pfanne mit dem restlichen Fett geben und ca. 5 Min. darin anschwitzen. Mit Essig ablöschen, Honig einrühren und alles einmal aufkochen lassen. Zugedeckt vom Herd nehmen. Die Filets quer in ca. 0,5 cm dicke Scheiben schneiden, dabei den austretenden Fleischsaft auffangen und unter die Balsamico-Honig-Sauce rühren. Sauce mit Salz und Pfeffer abschmecken, bei Bedarf nochmals kurz erhitzen. Entenbrust und Rübchen auf den vorgewärmten Tellern anrichten, mit der Sauce begießen und mit Blattgrün garnieren.

Für 4 Portionen • 25 Min. Zubereitung • 24 Std. Marinieren • 15 Min. Grillen •
Pro Portion ca. 490 kcal, 33 g E, 37 g F, 5 g KH

WÜRZIGE GRILLSPIESSE

GUT VORZUBEREITEN

650 g Schweinenacken
  (ohne Knochen)
4 Knoblauchzehen
mexikanische Gewürzmischung
  (ersatzweise Chili-con-
  Carne-Gewürzmischung)
6 EL Olivenöl
Salz
2 Paprika

AUSSERDEM
4 große oder 8 kleine Holz-
  oder Metallspieße

1 Das Fleisch trocken tupfen, in ca. 3 cm große Würfel schneiden und in eine Schüssel geben. Die Knoblauchzehen schälen, durch eine Knoblauchpresse zum Fleisch drücken. Die Gewürzmischung, das Olivenöl und etwas Salz hinzufügen und alles gut vermengen, sodass die Fleischwürfel rundum mit Marinade bedeckt sind. Zugedeckt ca. 24 Std. im Kühlschrank ruhen lassen.

2 Backofen auf 240° vorheizen und den Backofengrill zuschalten. Paprika waschen und halbieren, von den Kernen und den weißen Trennwänden befreien. In ca. 3 × 3 cm große Stücke schneiden und mit den Fleischstücken abwechselnd auf die Spieße stecken.

3 Ein Backblech zum Auffangen der Garflüssigkeit in den Ofen (Mitte) schieben. Die Spieße auf einem Ofenrost verteilen und in ca. 15 Min. im heißen Ofen (oben) goldbraun grillen, dabei die Spieße alle 3–4 Min. wenden.

Für 4 Portionen • 15 Min. Zubereitung • 15 Min. Garen • Pro Portion ca. 175 kcal, 27 g E, 5 g F, 4 g KH

KABELJAU AUS DEM PAPIER

KALORIENARM

600 g Kabeljaufilet
  (ohne Haut)
2 Knollen Fenchel
1 Zitrone
½ Bund Dill
Salz, Pfeffer
2 EL Olivenöl

AUSSERDEM
Küchengarn

1 Kabeljau trocken tupfen und in vier Stücke schneiden. Fenchel waschen, putzen, längs halbieren und längs in dünne Scheiben schneiden. Die Zitronenschale samt weißer Haut mit einem scharfen Messer vom Fruchtfleisch schneiden. Die Zitronenfilets aus den Trennhäutchen schneiden, austretenden Saft dabei auffangen. Dill waschen und trocken schütteln, Blättchen abzupfen und grob zerkleinern.

2 Aus Backpapier vier 30 × 40 cm große Rechtecke schneiden. Je ein Viertel des Fenchels in die Mitte der Rechtecke geben. Je ein Stück Filet daraufsetzen, Zitronenfilets und -saft sowie den Dill darauf verteilen. Salzen, pfeffern und mit Olivenöl beträufeln. Backofen auf 220° vorheizen. Die Breitseiten der Papierstücke ca. 5 cm über dem Fisch zusammenfalten, die beiden Enden zusammendrücken und mit Küchengarn fest zusammenbinden. Die Päckchen auf einem Backblech 12–15 Min. im heißen Ofen (unten) garen. Auf vier Teller verteilen (Vorsicht, beim Öffnen entweicht heißer Dampf!). Dazu passt Reis.

SÜSSES

Für 6 Portionen • 40 Min. Zubereitung • 30 Min. Kühlen • 40 Min. Backen •
Pro Portion ca. 390 kcal, 5 g E, 21 g F, 43 g KH

APFELTARTE MIT WALNÜSSEN 🌿

HERBST-REZEPT

200 g Dinkelmehl (Type 630)
2 geh. EL Vollrohrzucker
Salz
120 g Butter
1,2 kg säuerliche Äpfel (z. B.
  Boskop oder Gravensteiner)
30 g Walnusskerne

AUSSERDEM
1 Tarteform (ca. 25 cm ⌀)

> **TIPP**
> Wenn die Apfeltarte zu schnell
> bräunt, die Backofentempera-
> tur auf 180° herunterschalten
> und die Tarte mit einem Stück
> Backpapier abdecken.

1 175 g Mehl, 1 geh. EL Zucker und 1 Prise Salz in einer Schüssel mischen, 100 g Butter in Flöckchen zugeben und alles mit den Fingerspitzen zu Streuseln verarbeiten. 3 EL kaltes Wasser zugießen und den Teig rasch zu einer Kugel formen. Eine Arbeitsfläche mit dem übrigen Mehl (ca. 25 g) bestäuben und den Teig darauf (ca. 3 mm hoch) rund ausrollen. Tarteform samt Rand mit dem Teig auslegen und ca. 30 Min. kühl stellen.

2 Inzwischen die Äpfel waschen (oder nach Belieben schälen), vierteln und vom Kerngehäuse befreien. Den Backofen auf 210° vorheizen. Ein Drittel der Äpfel klein würfeln und mit 2 EL Wasser in einem Topf zugedeckt bei kleiner Hitze weich kochen. Dann mit einer Gabel zerdrücken und abkühlen lassen.

3 Die Walnusskerne grob hacken. Die restlichen Äpfel in schmale Spalten schneiden. Das Apfelkompott gleichmäßig auf dem Teig verteilen. Die Apfelspalten kreisförmig und leicht überlappend darauflegen. Die restliche Butter (20 g) in Flöckchen schneiden und mit den Walnüssen auf den Apfelspalten verteilen. Den Rand der Tarte bei Bedarf vorsichtig auf die Höhe der Füllung hinunterdrücken. Die Tarte mit dem übrigen Zucker (1 geh. EL) bestreuen und in 35–40 Min. im heißen Ofen (unten) goldbraun backen.

Für 4 Portionen • 35 Min. Zubereitung • 1 Std. Ruhen • Pro Portion ca. 605 kcal, 16 g E, 20 g F, 90 g KH

CRÊPES 🌿

KLASSIKER

250 g Mehl
3 Eier
500 ml Milch
50 g Butter
250 g Erdbeerkonfitüre

1 Mehl in eine Schüssel geben und eine kleine Vertiefung in die Mitte drücken. Eier verquirlen, in die Vertiefung geben und mit etwas Mehl verrühren. Nach und nach die Milch zugießen und dabei alles mit einem Schneebesen verrühren, sodass ein gleichmäßig flüssiger Teig entsteht. 20 g Butter schmelzen und untermengen. Den Teig ca. 1 Std. zugedeckt bei Zimmertemperatur ruhen lassen.

2 Backofen auf 60° vorheizen. Teig nochmals umrühren. Ist er sehr dickflüssig, 2–3 EL Milch oder Wasser untermengen. 1 TL Butter in einer beschichteten Pfanne (ca. 25 cm ⌀) erhitzen. Etwa ½ Schöpflöffel Teig (ca. 70 ml) hineingeben und dabei die Pfanne schwenken, sodass sich der Teig möglichst dünn auf dem Pfannenboden verteilt. Den Crêpe bei mittlerer Hitze von beiden Seiten goldbraun ausbacken. Die restlichen Crêpes auf die gleiche Weise zubereiten, dabei die Pfanne immer wieder leicht fetten. Die fertigen Crêpes im Backofen warm halten. Mit der Erdbeerkonfitüre servieren.

Für 4 Portionen • 15 Min. Zubereitung • 20 Min. Backen • Pro Portion ca. 195 kcal, 1 g E, 9 g F, 28 g KH

GEWÜRZBIRNEN AUS DEM OFEN 🌿

EINFACH

4 reife Birnen
40 g Butter
1 Bio-Orange
Lebkuchengewürz
*   (ersatzweise Zimt)*
4 EL flüssiger Honig

1 Backofen auf 210° vorheizen. Birnen schälen, halbieren und vom Kerngehäuse befreien, dabei die Stiele an den Früchten belassen. Eine große, flache ofenfeste Form mit 10 g Butter ausstreichen. Die Orange heiß waschen und trocken tupfen. Mit einem Sparschäler einen dünnen Streifen von der Orangenschale abschälen und in feine Streifen schneiden, übrige Schale fein abreiben. Saft auspressen.

2 Die halbierten Birnen mit der Schnittseite nach oben in die Form legen. Die restliche Butter (30 g) in Flöckchen schneiden und mit Orangensaft und -abrieb, dem Lebkuchengewürz und dem Honig auf den Birnenhälften verteilen. Die Gewürzbirnen ca. 20 Min. im heißen Ofen (Mitte) garen, dabei mehrmals mit der Garflüssigkeit übergießen und nach ca. 10 Min. Garzeit einmal wenden. Die Gewürzbirnen mit den Orangenstreifen garnieren und warm servieren.

Für 4 Portionen • 15 Min. Zubereitung •
3 Std. Kühlen •
Pro Portion ca. 205 kcal, 7 g E, 6 g F, 29 g KH

Für 4 Portionen • 15 Min. Zubereitung •
3 Std. Kühlen • 30 Min. Ruhen •
Pro Portion ca. 455 kcal, 4 g E, 39 g F, 22 g KH

ORANGENMOUSSE ◖

WINTER-REZEPT

5 Bio-Orangen • 50 g Zucker • 3 EL Maisstärke
(25 g) • 4 sehr frische Eier (M) • 40 g Amaretti

1 2 Orangen heiß waschen, trocken tupfen, mit einem Sparschäler einen dünnen Streifen von der Schale abschälen und in feine Streifen schneiden, restliche Schale fein abreiben. Alle Orangen halbieren und auspressen, 250 ml Orangensaft mit Orangenabrieb, 40 g Zucker und Maisstärke in einem Topf mit einem Schneebesen verrühren.

2 Eier trennen, Eigelbe unter die Orangenmischung rühren. Unter Rühren langsam erhitzen, kurz aufkochen und andicken lassen. In einer Schüssel abkühlen lassen, öfter umrühren. Eiweiße fast steif schlagen, restlichen Zucker (10 g) zugeben, steif schlagen. Unter die Orangencreme heben. Amaretti zerbröseln, auf vier Gläser verteilen. Orangenmousse daraufgeben, ca. 3 Std. kalt stellen. Mit Orangenstreifen garnieren.

SCHOKOCREME MIT KARDAMOM ◖

SCHNELL GEMACHT

150 g Zartbitter-Schokolade (mind. 70 % Kakaogehalt) • 200 g Sahne • 3 EL Ahornsirup •
½ TL gemahlener Kardamom • 40 g Butter

1 Schokolade klein hacken. Mit 100 g Sahne, 100 ml Wasser, Ahornsirup und Kardamom in einen kleinen Topf geben. Unter häufigem Rühren mit einem Schneebesen langsam bei kleiner Hitze erhitzen. Butter in Flöckchen schneiden.

2 Die Schokocreme ca. 2 Min. sanft köcheln lassen, dabei ständig mit einem Schneebesen glatt rühren. Den Topf vom Herd nehmen, nach und nach die restliche Sahne und die Butterflöckchen unterrühren. Die Schokocreme in vier Dessertgläser füllen, abkühlen lassen und ca. 3 Std. kühl stellen. Etwa 30 Min. vor dem Servieren Raumtemperatur annehmen lassen.

Für 4 Portionen • 15 Min. Zubereitung •
30 Min. Kühlen • 35 Min. Backen •
Pro Portion ca. 455 kcal, 5 g E, 22 g F, 59 g KH

WALDFRÜCHTE-CRUMBLE ◖

SOMMER-REZEPT

100 g Dinkelmehl (Type 630) • 30 g Haferflocken •
100 g heller Rohrzucker • Salz • 100 g Butter •
500 g gemischte TK-Waldbeeren (ersatzweise frische
Heidelbeeren, Johannisbeeren oder Brombeeren)

1 Mehl, Haferflocken, Zucker und 1 Prise Salz vermischen. Butter in Flöckchen zugeben, alles mit den Händen zu Streuseln verarbeiten und ca. 30 Min. kühl stellen. Inzwischen frische Beeren kalt abbrausen, abtropfen lassen und trocken tupfen. Backofen auf 200° vorheizen.

2 Beeren in einer ofenfesten Form (ca. 22 cm ∅) verteilen. Die Streusel gleichmäßig auf den Beeren verteilen und den Crumble in 30–35 Min. im heißen Ofen (unten) goldbraun backen. Dabei die Backofentemperatur etwas reduzieren, falls der Crumble zu schnell bräunt. Warm servieren. Dazu passt Schlagsahne oder Crème fraîche.

Für 4 Portionen • 10 Min. Zubereitung •
Pro Portion ca. 275 kcal, 9 g E, 16 g F, 26 g KH

BLITZSCHNELLES HIMBEEREIS ◖

EINFACH

500 g TK-Himbeeren • 250 g Speisequark •
100 g Sahne • 6 EL Agavensirup • 1 Pck. Vanille-
zucker

1 Die TK-Himbeeren mit dem Quark, der Sahne, dem Agavensirup und dem Vanillezucker in einen Mixer füllen. Alles 3–4 Min. mixen, bis eine gleichmäßig cremige Masse entsteht. Das Himbeereis entweder gleich servieren oder in einer Gefrierdose verschließen und bis zum Verzehr in das Tiefkühlfach stellen.

TIPP

Am besten gleich genießen – dann ist die Konsistenz schön cremig. Anstelle von Himbeeren passen auch Erdbeeren oder Heidelbeeren.

PANNACOTTA

FÜR GÄSTE

2 Vanilleschoten
700 g Sahne (mind. 30 % Fett)
4 Blatt weiße Gelatine
7 EL Zucker
300 g Rote Johannisbeeren

AUSSERDEM
4 Dessertgläser (à ca. 200 ml Inhalt)

GU CLOU

Die Pannacotta zählt mit ihren 5 Zutaten zu den einfachsten und leckersten Desserts überhaupt! Für eine perfekt cremige Konsistenz und ein intensives Aroma ist es wichtig, eine gute Sahne mit mindestens 30 % Fett und echte Vanille zu verwenden. Um den Geschmack zu verstärken, Vanillestangen und -mark am besten über Nacht in der Sahne ziehen lassen.

1 Die Vanilleschoten längs aufschneiden und das Mark herauskratzen. Die Schoten und das Mark mit der Sahne in einen Topf geben und einmal aufkochen lassen. Dann vom Herd nehmen und zugedeckt ca. 15 Min. ziehen lassen. Inzwischen die Gelatine ca. 5 Min. in kaltem Wasser einweichen.

2 Die Vanilleschoten aus dem Topf nehmen. 4 EL Zucker zur Vanillesahne geben, alles nochmals kurz erhitzen und vom Herd nehmen. Die Flüssigkeit mit der Hand aus den Gelatineblättern drücken und die Blätter nacheinander mit einem Kochlöffel in die heiße Vanillesahne rühren, bis sie sich vollständig aufgelöst haben. Die Sahnemischung auf vier Dessertförmchen verteilen, abkühlen lassen und ca. 6 Std. kühl stellen.

3 Inzwischen die Johannisbeeren verlesen, kalt abbrausen und von den Stängeln zupfen. Die Beeren mit 3 EL Wasser pürieren und durch ein feines Sieb streichen. Das Püree mit dem restlichen Zucker (3 EL) vermischen. Vor dem Servieren 4 EL Fruchtpüree auf jede Portion Pannacotta geben, restliches Püree dazu reichen.

Für ca. 35 Trüffel • 40 Min. Zubereitung • 12 Std. Kühlen • 2 Std. Ruhen •
Pro Stück ca. 65 kcal, 1 g E, 6 g F, 4 g KH

DUNKLE SCHOKOTRÜFFEL 🍃

AUS FRANKREICH

250 g Zartbitter-Schokolade
  (mind. 70 % Kakaogehalt)
150 g Sahne
75 g weiche Butter
50 g Puderzucker
40 g ungesüßtes Kakaopulver

TIPP
Um das Schmelzen der
Schokomasse beim Formen
zu vermeiden, diese am
besten nicht mit den Hän-
den verarbeiten.

1 Schokolade klein hacken. Die Sahne langsam bei kleiner Hitze in einem Topf erhitzen, kurz aufkochen lassen und vom Herd nehmen. Die Schokoladenstückchen zugeben und alles ca. 2 Min. ohne Hitze zugedeckt ruhen lassen. Dann mit einem Schneebesen glatt rühren. Die Butter in Flöckchen schneiden und mit dem Puderzucker unter die Schokomischung rühren. Zugedeckt über Nacht kalt stellen.

2 Die Schokomischung 1–2 Std. vor der Weiterverwendung bei Raumtemperatur ruhen lassen. Das Kakaopulver in einen tiefen Teller geben. Mithilfe eines Teelöffels jeweils eine knapp walnussgroße Menge von der Schokomischung abstechen und diese mithilfe eines zweiten Teelöffels zu rundlichen Nocken formen. Die Trüffel nach und nach mithilfe einer Gabel im Kakao wälzen. Verschlossen und kühl aufbewahrt sind die Schokotrüffel ca. 2 Wochen haltbar.

Für ca. 30 Kugeln • 25 Min. Zubereitung • Pro Stück ca. 55 kcal, 1 g E, 3 g F, 4 g KH

ENERGY BALLS 🍃

BALLASTSTOFFREICH

100 g getrocknete Soft-Feigen
100 g getrocknete Soft-Datteln
80 g Walnusskerne
100 g ungeröstete ungesalzene
  Pistazienkerne
4 EL Orangenblütenwasser
  (aus der Apotheke)

TAUSCH-TIPP

Auch soft getrocknete Aprikosen, Rosinen oder Birnen passen; dazu schmecken Haselnüsse, Sonnenblumen- oder Cashewkerne – ganz nach Vorräten und Gusto!

1 Feigen entstielen und vierteln, Datteln halbieren und entsteinen. Feigen, Datteln, Walnüsse und Pistazien mit einem großen Messer (oder im Blitzhacker) fein hacken, bis eine kompakte Masse entsteht.

2 Die Frucht-Nuss-Mischung und das Orangenblütenwasser in einem Schälchen mithilfe einer Gabel gut vermengen. Mit einem Teelöffel eine walnussgroße Menge von der Mischung abnehmen und diese zwischen den Handflächen zu einer Kugel rollen. Auf die gleiche Weise ca. 30 Energiekugeln formen, bis die Masse verbraucht ist. Verschlossen und kühl aufbewahrt sind sie ca. 4 Wochen haltbar.

REGISTER

Vegetarische Rezepte, die im Buch mit einem ◔ gekennzeichnet sind, sind hier grün abgesetzt.

Abkürzungsverzeichnis:
E = Eiweiß
EL = Esslöffel
(gestrichen)
F = Fett
kcal = Kilokalorien
KH = Kohlenhydrate
Pck. = Päckchen
TK = Tiefkühl
TL = Teelöffel
(gestrichen)
Ø = Durchmesser

Projektleitung: Linh Nguyen
Lektorat: Julia Genazino
Korrektorat: Jutta Friedrich
Innen- und Umschlaggestaltung:
independent Medien-Design,
Horst Moser, München
Herstellung: Gloria Schlayer
Satz: Kösel, Krugzell
Reproduktion: medienprinzen GmbH, München
Druck und Bindung:
Firmengruppe APPL, aprina druck, Wemding

Syndication:
www.seasons.agency
Printed in Germany

1. Auflage 2020
ISBN 978-3-8338-7581-6

 www.facebook.com/gu.verlag

Ein Unternehmen der
GANSKE VERLAGSGRUPPE

DIE AUTORIN

Ulrike Skadow hat sich nach einem Literaturstudium an der Pariser Sorbonne der Gastronomie gewidmet. Seit 25 Jahren arbeitet sie als Foodstylistin und Kochbuchautorin in Paris.

DER FOTOGRAF

Nicolas Leser ist Foodfotograf mit Leib und Seele. Als begeisterter Gourmet ist er stets auf der Suche nach neuen kulinarischen Entdeckungen. Zusammen mit **Ulrike Skadow** (Foodstyling) hat er die 5-Zutaten-Rezepte gekonnt in Szene gesetzt.

BILDNACHWEIS

Nicolas Leser: Autorenfoto, S. 06–59 und Stepfotos auf den Klappen
Coco Lang: S. 01, S. 05 und Stillleben auf den Klappen
Kathrin Koschitzki: Coverfoto

Umwelthinweis:
Dieses Buch ist auf PEFC-zertifiziertem Papier aus nachhaltiger Waldwirtschaft gedruckt.

Backofenhinweis:
Die Backzeiten können je nach Herd variieren. Die Temperaturangaben in unseren Rezepten beziehen sich auf das Backen im Elektroherd mit Ober- und Unterhitze und können bei Gasherden oder Backen mit Umluft abweichen. Details entnehmen Sie bitte Ihrer Gebrauchsanweisung.

LIEBE LESERINNEN UND LESER,

wir wollen Ihnen mit diesem Buch Informationen und Anregungen geben, um Ihnen das Leben zu erleichtern oder Sie zu inspirieren, Neues auszuprobieren. Wir achten bei der Erstellung unserer Bücher auf Aktualität und stellen höchste Ansprüche an Inhalt und Gestaltung. Alle Anleitungen und Rezepte werden von unseren Autoren, jeweils Experten auf ihrem Gebiet, gewissenhaft erstellt und von unseren Redakteuren/innen mit größter Sorgfalt ausgewählt und geprüft.

Haben wir Ihre Erwartungen erfüllt? Sind Sie mit diesem Buch und seinen Inhalten zufrieden? Haben Sie weitere Fragen zu diesem Thema? Wir freuen uns auf Ihre Rückmeldung, auf Lob, Kritik und Anregungen, damit wir für Sie immer besser werden können. Und wir freuen uns, wenn Sie diesen Titel weiterempfehlen, in Ihrem Freundeskreis oder online.

Sollten wir Ihre Erwartungen so gar nicht erfüllt haben, tauschen wir Ihnen Ihr Buch jederzeit gegen ein gleichwertiges zum gleichen oder ähnlichen Thema um.

KONTAKT

GRÄFE UND UNZER VERLAG
Leserservice
Postfach 86 03 13
81630 München
E-Mail: leserservice@graefe-und-unzer.de

Telefon: 0 08 00 / 72 37 33 33*
Telefax: 0 08 00 / 50 12 05 44*
Mo – Do: 9.00 – 17.00 Uhr
Fr: 9.00 – 16.00 Uhr (*gebührenfrei in D,A,CH)

APPETIT AUF MEHR?

ISBN 978-3-8338-6453-7

ISBN 978-3-8338-7145-0

ISBN 978-3-8338-6850-4

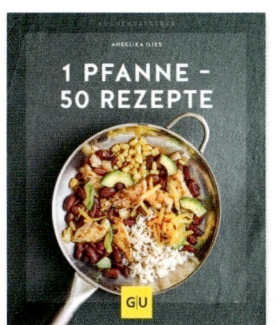

ISBN 978-3-8338-7071-2

ISBN 978-3-8338-6617-3

ISBN 978-3-8338-6879-5

 Alle hier vorgestellten Bücher
sind auch als eBook erhältlich.

DIE »GU KOCHEN PLUS«-APP

1 APP HERUNTERLADEN

Laden Sie die kostenlose »GU Kochen Plus«-App im Apple App Store oder im Google Play Store auf Ihr Smartphone. Starten Sie die App und wählen Sie Ihren Küchenratgeber aus.

2 REZEPTBILD SCANNEN

Scannen Sie das gewünschte Rezeptbild mit der Kamera Ihres Smartphones. Klicken Sie im Display die Funktion Ihrer Wahl.

3 FUNKTIONEN NUTZEN

Sammeln Sie Ihre Lieblingsrezepte. Speichern und verschicken Sie Ihre Einkaufslisten. Oder nutzen Sie den praktischen Supermarkt-Finder und den Rezept-Planer.